CONTENIDO

Prefacio — 4

1 El Camino de la Paz en el
    Nuevo Testamento — 5
2 El Camino de la Paz a Través
    de los Siglos — 13
3 El Plan de Dios en el Antiguo
    Testamento — 28
4 El Individuo y la Paz — 37
5 La Sociedad y el Camino de la Paz — 48
6 Fundamentos de la Paz: Resúmen — 66

Para Un Estudio Más Profundo — 73
El Autor — 75

PREFACIO

Los seguidores de Jesucristo se encuentran hoy en todo el mundo. Entre ellos están los menonitas, los cuales llevan este nombre que empezó a aplicarse por Menno Simons, un reformador holandés del siglo 16.

Hasta el siglo 19 la mayoría de los menonitas se encuentran en Europa y en la América del Norte. Durante el siglo 20, sin embargo, la obra misionera, el socorro y las actividades de servicio social han resultado en una fraternidad menonita mundial.

Uno de los mayores énfasis de los menonitas es practicar diariamente la enseñanza de Jesús. Este libro establece algunas de estas enseñanzas tal como se encuentran en el Nuevo Testamento. Este libro se titula *El Camino de la Paz* es el cuarto volumen de la serie titulada *Fe Menonita* que aparece detallada en la contratapa interior.

Esperamos que su lectura resulte interesante para todos los que deseen comprender la fe cristiana en general y la menonita en particular. Cualquiera que desee estudiar más detalladamente la fe y la vida menonita puede solicitar los libros cuya lista aparece al final.

J. Allen Brubaker

EL CAMINO DE LA PAZ EN EL NUEVO TESTAMENTO

Cuando Jesús dijo a sus discípulos cómo los reconocerían por ser seguidores suyos—hijos de Dios—les explicó: "Por esto os reconocerán: si tenéis amor los unos por los otros." También dijo: "Amad a vuestros enemigos."

Los cristianos de todos los tiempos y de todos los lugares han mostrado amor y cuidado. Ese es su distintivo. Algunos han creído que el amor y la paz son para el cristiano la manera de vivir tanto en la paz como en la guerra. No se defendieron ante casos de asesinato, violación y saqueo, sino que antes prefirieron "volver la otra mejilla, ir la segunda milla," como lo dijo Jesús en el Sermón del Monte.

Amor que Perdona y No Venganza

En Corea, hace de esto una generación, el único hijo de un padre cristiano fue asesinado por un joven perverso. El muchacho fue arrestado, juzgado y se le halló culpable. El juez estaba a punto de pronunciar la horrible sentencia. En ese momento el padre cristiano del muchacho asesinado pidió permiso para hablar. Su ruego fue concedido.

El padre dijo: "Sé que ya no tengo hijo. En vez de condenar a muerte o larga prisión al joven que mató a mi único hijo, respetuosamente solicito a este tribunal que me permita adoptarlo como mi propio hijo en lugar del que he perdido."

—¿Está usted seguro de lo que dice?—preguntó el juez.

—Lo estoy—respondió el padre cristiano.

El tribunal se mantuvo en silencio aguardando el veredicto.

—¡Concedido!—sentenció el juez.

El relato del padre cristiano que devolvió bien por mal se extendió por toda Corea como fuego incontenible. Los coreanos nombraron aquel lugar como la "ciudad del Amor Atómico."

Solamente Dios sabe cuánto hizo avanzar en Corea la causa de Cristo este acto de amor de aquel padre cristiano.

Durante la Segunda Guerra Mundial, Herr Mayr, un católico que creía en el camino cristiano de paz, vivía en Viena, Austria. En las semanas finales de la contienda el ejército ruso, ebrio con su victoria, iba pasando lentamente por la ciudad saqueando, violando y destruyendo. Un día Mayr vio desde la ventana que algunos soldados penetraban en el sendero que había frente a su casa. Rápidamente le dijo a su hija de 19 años: "Vete al sótano."

El padre abrió la puerta delantera de par en par y, sonriendo, invitó a pasar a los visitantes. Luego les invitó con expresivos ademanes para que se sentaran. Después llamó a su esposa y a sus hijitos, incluyendo a la hija mencionada y, con más gestos, indicó que ésa era su familia. La madre les trajo tortas y café y alimentó a sus visitantes como a invitados de honor.

Los soldados estaban tan asombrados de este recibimiento que luego de la merienda salieron pacíficamente. No hubo violaciones. No hubo asesinatos. ¿*Por qué*? No fue por fuerza ni por espada como obró el padre cristiano; fue gracias al omnipotente Espíritu de Dios (Véase Zacarías 4:6).

Cristo Enseñó el Amor y el Perdón

Si vamos otra vez a la Biblia nos encontraremos con más enseñanzas de Jesús acerca del camino de paz. Seguramente que nadie sufrió tanta injusticia, incomprensión y crueldad como la que sufrió él a manos de sus enemigos. Veamos cómo demostró el amor en acción. Jesús dijo: "Oísteis que fue dicho: Ojo por ojo, y diente por diente [Exodo 21:24] Pero yo os digo: No resistáis al que es malo; antes, a cualquiera que te hiera en la mejilla derecha, vuélvele también la otra" (Mateo 5:38, 39). La no resistencia a los que mal hacen está fundamentada en este versículo. En forma semejante se nos enseña a vencer al mal con el bien (Romanos 12:21).

Compare las palabras del Señor en Lucas 6:29: "Al que te hiera en una mejilla, ofrécele también la otra; y al que te quite la capa, ni aun la túnica le niegues."

Jesús enseñó: "Oísteis que fue dicho: Amarás a tu prójimo, y aborrecerás a tu enemigo. Pero yo os digo: Amad a vuestros enemigos, bendecid a los que os maldicen, haced bien a los que os aborrecen, y orad por los que os ultrajan y os persiguen; para que seáis hijos de vuestro Padre que está en los cielos, que hace salir su sol sobre malos y buenos, y que hace llover sobre justos e injustos" (Mateo 5:43-45).

Cristo Vivió el Amor y el Perdón

Cuando el gobernador romano preguntó a Jesús si era o no rey, nuestro Señor respondió: "Mi reino no es de este mundo; si mi reino fuera de este mundo, mis servidores pelearían para que yo no fuera entregado a los judíos; pero mi reino no es de aquí" (Juan 18:36).

El Nuevo Testamento contiene estas positivas palabras: "Mas nuestra ciudadanía está en los cielos, de donde también esperamos al Salvador, al Señor Jesucristo" (Filipenses 3:20).

Cuando nuestro Señor compareció ante el gobernador Pilato, mostró su notable equilibrio emocional y su paciencia: "Y siendo acusado por los principales sacerdotes y por los ancianos, nada respondió. Pilato entonces le dijo: ¿No oyes cuántas cosas testifican contra ti? Pero Jesús no le respondió ni una palabra; de tal manera que el gobernador se maravillaba mucho" (Mateo 27:12-14).

El juicio fue en su contra y resultó severamente golpeado y llevado a crucificar: "Y cuando llegaron al lugar llamado de la Calavera, le crucificaron allí" (Lucas 23:33).

Jesús pudo haber convocado a "doce legiones de ángeles" en su defensa (Mateo 26:53). Sin embargo, marchó a la muerte diciendo: "No se haga mi voluntad, sino la tuya" y "Padre, pérdónalos porque no saben lo que hacen" (Lucas 22:42; 23:34).

Esteban Vivió la Paz

El Espíritu Santo puso el mismo espíritu en los primitivos creyentes, como leemos en la historia de Esteban, el primer cristiano que murió por sus creencias.

Lucas escribe acerca del testimonio de Esteban frente a sus enemigos: "Oyendo estas cosas, se enfurecían en sus corazones, y crujían los dientes contra él. Pero Esteban, lleno del Espíritu Santo, puestos los ojos en el cielo, vio la gloria de Dios, y a Jesús que estaba a la diestra de Dios, y dijo: He aquí, veo los cielos abiertos, y al Hijo del Hombre que está a la diestra de Dios" (Los Hechos 7:54-56).

Pero ellos gritaron a grandes voces y se taparon los oídos y se abalanzaron sobre él. Luego lo arrojaron de la ciudad y lo apedrearon. Pero Esteban oraba así: "Señor Jesús, recibe mi espíritu. Y puesto de rodillas, clamó a gran voz: Señor, no les tomes en cuenta este pecado, Y habiendo dicho esto, durmió [murió]" (Los Hechos 7:59-60).

Como era de esperar, encontramos las mismas enseñanzas en los escritos de los apóstoles.

Los Apóstoles Enseñaron el Camino de la Paz

El apóstol Pedro escribió: "Finalmente, ser todos de un mismo sentir, compasivos, amándoos fraternalmente, misericordiosos, amigables; no devolviendo mal por mal ni maldición por maldición, sino por el contrario, bendiciendo, sabiendo que fuisteis llamados para que heredaseis bendición" (1 Pedro 3:8, 9).

El apóstol Pablo agrega: "Mirad que ninguno pague a otro mal por mal; antes seguid siempre lo bueno unos para con otros, y para con todos" (1 Tesalonicenses 5:15). "Porque el siervo del Señor no debe ser contencioso, sino amable para con todos" (2 Timoteo 2:24).

Cristo sufrió por nosotros, escribe Pedro, dejándonos ejemplo para que sigamos sus pisadas: "el cual no hizo pecado, ni se halló engaño en su boca; quien cuando le maldecían, no respondía con maldición; cuando padecía, no amenazaba, sino encomendaba la causa al que juzga justamente" (1 Pedro 2:22, 23). "Puesto que Cristo ha padecido por nosotros en la carne, vosotros también armaos del mismo pensamiento" (1 Pedro 4:1).

El Amor Es Poder para la Paz

El apóstol Pablo escribió en días de gran persecución: "No paguéis a nadie mal por mal; procurad lo bueno delante de todos los hombres. Si es posible, en cuanto dependa de vosotros, estad en paz con todos los hombres. No os venguéis vosotros mismos, amados míos, sino dejad lugar a la ira de Dios; porque escrito está: Mía es la venganza, yo pagaré, dice el Señor. Así que, si tu enemigo tuviere hambre, dale de comer; si tuviere sed, dale de beber; pues haciendo esto, ascuas de fuego amontonarás sobre su cabeza. No seas vencido de lo malo, sino vence con el bien el mal" (Romanos 12:17-21).

Pablo nos dice de dónde el cristiano obtiene la fuerza para vencer al mal. Es cierto que vivimos en el mundo, pero no luchamos por motivos mundanos. Las armas que usamos en nuestro combate no son las armas del mundo, sino poderosos armamentos divinos con los cuales podemos destruir baluartes y fortalezas (2 Corintios 10:3).

Una de las armas de Dios es el amor. Su amor es el poder que nos capacita para seguir este camino de paz. Juan, a quien Jesús habían llamado "Hijo del Trueno," fue transformado de un peleador en un hombre sumamente benigno. Pensamos en él más bien como "el discípulo amado." Sus cartas, escritas al final de una larga vida, casi parecen respirar amor. Esto es lo que escribe acerca del amor: "El que ama a su hermano, permanece en la luz" (1 Juan 2:10).

"Nosotros sabemos que hemos pasado de muerte a vida, en que amamos a los hermanos. El que no ama a su hermano, permanece en muerte" (1 Juan 3:14).

"Amados, amémonos unos a otros; porque el amor es de Dios. Todo aquel que ama, es nacido de Dios, y conoce a Dios" (1 Juan 4:7).

"El que no ama, no ha conocido a Dios; porque Dios es amor" (1 Juan 4:8).

"Dios es amor; y el que permanece en amor, permanece en Dios, y Dios en él" (1 Juan 4:16).

"Si alguno dice: Yo amo a Dios, y aborrece a su

hermano, es mentiroso" (1 Juan 4:20).

Estos versículos tomados de una carta del apóstol Juan pueden ayudarnos a determinar si tenemos el poderoso amor de Cristo. Su amor perdonador es el fundamento del camino de la paz en el Nuevo Testamento y en nuestra época.

2

EL CAMINO DE LA PAZ A TRAVES DE LOS SIGLOS

DESTACADOS dirigentes de los primeros siglos de la iglesia cristiana han dejado por escrito sus enseñanzas y han informado acerca de la posición de los cristianos de su época.

Observando algunas de sus declaraciones podemos rastrear la actitud cristiana durante los primeros cuatro siglos posteriores a Cristo.

Declaraciones de Primitivos Dirigentes
Ignacio (50-115 d.C.), obispo de Antioquía y mártir, enseñó que los cristianos no deben buscar venganza contra quienes los perjudican ... más bien deben imitar al Señor, que cuando fue insul-

tado, no usó lenguaje abusivo; cuando fue crucificado, no respondió; cuando fue amenazado, no amenazó sino que oró en favor de sus enemigos.

Policarpo (69-155), obispo de Esmirna y mártir, aconsejó a los cristianos a seguir a Cristo no devolviendo mal por mal, ni represión por represión.

Justino Mártir (100-165), apologista cristiano y mártir, enseñó que nosotros, los que estábamos llenos de guerra, hemos cambiado nuestras armas bélicas, nuestras espadas en arados, nuestras lanzas en instrumentos de labranza (compare con Isaías 2:4; y con Miqueas 4:3).

Atenágoras (150-200) dijo que hemos aprendido no sólo a no retornar golpe por golpe, ni a ir a juicio contra aquellos que saquean y nos roban sino que a quienes nos golpean en un lado de la cara le ofrecemos también el otro lado, y a quienes nos quitan la chaqueta le ofrecemos también la capa.

Tertuliano (160-225), abogado y desde el año 190 de religión cristiana, opinaba que los seguidores de Cristo no deberían participar en guerra alguna puesto que el Señor advierte que el que usa espada a espada perecerá. Tertuliano insistió en que si un soldado se convierte al cristianismo, inmediatamente debe dejar el ejército.

Orígenes (185-254) fue un brillante escritor y maestro de Alejandría, Egipto. Una de sus mejores declaraciones acerca del participar en guerras fue escrita durante la última década de su vida. Replicando a Celso, un pagano que se oponía tanto al cristianismo como al judaísmo, Orígenes expresó:

"Conforme a los consejos de Jesús, hemos suprimido nuestras guerras y nuestras arrogantes espadas, las hemos reemplazado por arados, y nuestras lanzas por hoces, pues toda guerra ha terminado entre nosotros. Ya no tomamos espada nación contra nación, ya no nos preparamos más para la guerra pues somos hijos de paz a causa de Jesús."

Orígenes precisamente recoge todos los interminables detalles críticos señalados por Celso contra los cristianos y los refuta brillantemente. Por ejemplo: hace notar las innegables diferencias éticas entre el Antiguo Testamento y la iglesia cristiana de su época. Señala que los cristianos no podían matar a sus enemigos o condenarlos a ser quemados o apedreados como lo hizo Moisés (*Contra Celso*, VII. 26).

En otro contexto, Orígenes se refirió a la forma en que Celso despreciaba la no resistente enseñanza de Jesús (volver la otra mejilla y entregar no sólo la chaqueta sino también la capa). Luego se dedicó a mostrar la superioridad de Jesús sobre Platón como maestro de ética. También Orígenes estaba consciente de lo sagrado de la vida humana y, por lo tanto, se oponía a cualquier forma de infanticidio: Dios desea que criemos a nuestros hijitos y no que destruyamos en forma alguna la descendencia que nos da su providente amor.

Los Cristianos Ayudan con sus Oraciones

Respecto a la guerra, Celso había urgido a los cristianos que ayudaran al emperador con todas sus fuerzas y que colaborasen con él para mantener la justicia: Es decir, tenían que luchar bajo sus órdenes o conducir los ejércitos imperiales.

Orígenes respondió que ellos ciertamente colaboraban ayudando al emperador, pero que le daban ayuda divina. Se vestían toda la armadura de Dios. Obedecían este mandamiento: "Exhorto ante todo, a que se hagan rogativas, oraciones, peticiones y acciones de gracias, por todos los hombres; por los reyes y por todos los que están en eminencia." Y cuanto más uno sobresale en piedad, decía Orígenes, tanto más efectiva es la ayuda que da ... más que la dada por los combatientes que salen a luchar y a matar a cuanto enemigo pueden.

Los Cristianos Viven la Paz

Orígenes afirmaba que ciertamente tomamos parte en los asuntos públicos. Junto con las oraciones nos unimos en los ejercicios y en la meditación abnegada. Esto nos enseñan a despreciar los placeres mundanos y a no dejarnos llevar por ellos.

Orígenes continúa así: Nadie lucha mejor por el emperador que nosotros. Por cierto que no luchamos bajo él: pero combatimos en su nombre, formamos un ejército especial—un ejército de piedad—al ofrecer a Dios nuestras oraciones. Finalmente Orígenes se vuelve atrevido: Los cristianos benefician a su país más que otros. Entrenan ciudadanos y les enseñan la piedad teniendo en cuenta el Ser Supremo. Promueven a una ciudad divina y celestial a aquellos cuyas vidas en la más pequeña de las ciudades han sido buenas y dignas.

Celso opinaba que los cristianos debían aceptar

los cargos en el gobierno del país, cosa que, obviamente, no hacían.

Orígenes no estaba de acuerdo con esto: Los cristianos no declinan los cargos públicos para eludir sus deberes sino porque se reservan para un servicio más divino y más necesario que cumplen en la iglesia de Dios: la salvación de seres humanos.

Maximiliano no Teme a la Muerte

En el año 295 un joven llamado Maximiliano compareció ante un comandante militar en el norte de Africa por causa de un ingreso en el ejército de Roma. Se trataba de un cristiano que practicaba la enseñanza de Cristo.

—No puedo servir como soldado—declaró— no puedo hacer mal porque soy cristiano.

Los seguidores de Cristo habían estado diciendo eso durante muchas generaciones. De tal manera, el comandante lo urgió por todos los medios a su alcance.

—Ponte el uniforme, o te costará la vida—le advirtió.

Maximiliano no estaba asustado. Ni siquiera la perspectiva de su propia ejecución lo conmovía. Conocía a su Señor y no tenía temor de morir. Más allá de la muerte estaría con Cristo.

—No pereceré—dijo al comandante—sino que cuando haya abandonado este mundo mi alma vivirá con Cristo, mi Señor.

El joven Maximiliano, de 21 años, fue ejecutado por desobediencia debido a que se atrevió a vivir conforme a las creencias que la iglesia cristiana había siempre enseñado.

La Matanza de Cristianos es Detenida

Un poderoso militar, Constantino, estaba en plena campaña en Inglaterra en el año 306, cuando su padre, emperador de occidente, lo proclamó en York su sucesor. El nombre completo de este emperador (306-337) era Flavio Valerio Constantino. El año 313 Constantino prohibió perseguir más a los cristianos. Zl año 323 hizo de Bizancio su capital y la llamó Constantinopla (actualmente Estambul). Convocó y presidió el Concilio de Nicea, aunque no era miembro bautizado. Constantino otorgó muchos favores a la iglesia. Hizo posible que los que así lo desearan hicieran donaciones a la iglesia; concedió al clero la exención del servicio militar, hizo que el Domingo fuese observado por regla imperial y contribuyó abundantemente para construir templos cristianos. Simultáneamente permaneció siendo sumo sacerdote pagano, al menos de nombre, pues durante toda su vida, y en las monedas acuñadas durante su reinado, exhibió los emblemas del paganismo. Finalmente, sin embargo, recibió el bautismo en su lecho de muerte.

Los Eclesiásticos Justifican la Guerra

Es increíble cómo muchos cristianos se dieron prisa para mostrar su gratitud a este gran emperador que tan sorprendentemente había favorecido a la iglesia. No parece posible que dirigentes de la iglesia de Cristo se desdijeran tan rápidamente en asuntos tan fundamentales como el servicio militar y la guerra. Pero las constancias son claras: aun los dirigentes principales se apresuraron a afirmar que los cristianos podían ahora quitar la vida humana en tiempo de guerra.

Atanasio (196-372), obispo de Alejandría, renombrado defensor de la ortodoxia y metropolitano (jefe de obispos) de todo Egipto y Libia, tuvo el valor de salir en defensa de la verdad según él la veía. Fue expulsado cuatro veces por los emperadores romanos y pasó no menos de veinte años en el exilio. Se atrevió a estar contra el mundo entero, y la frase "Atanasio contra el mundo" se volvió una bien conocida descripción de su carácter. No obstante, en materia de no resistencia, él también sucumbió y dobló su rodilla ante el emperador. Firmemente sostuvo que la vida humana era sagrada y que la matanza personal era pecado, "pero matar a un enemigo en guerra es legal y digno de alabanza."

Ambrosio (340-397), obispo de Milán, Italia, había sido un famoso magistrado. A los 34 años de edad todavía no era miembro de la iglesia, pero ya estaba recibiendo preparación en la fe cristiana para ser bautizado. Cuando apareció en la iglesia inmediatamente después del obispo anterior, la gente comenzó a gritar: "¡Ambrosio al obispado!" Aunque había ido a la iglesia para mantener el orden civil, pronto se encontró elegido como obispo. Solamente en ocho días lo bautizaron y lo instruyeron en todos los pasos intermedios hasta que llegó a ser consagrado como obispo. Esto ocurrió el año 374. Durante veintitrés años este talentoso erudito, predicador y orador sirvió como obispo de Milán. El Canto Ambrosiano recibe su nombre de él. Llegó a ganarse el respeto del pagano Agustín y, cuando éste se convirtió, fue bautizado por él.

Acerca de la no resistencia también Ambrosio alabó a los combatientes que luchaban por su patria. Tal Valentía, expresó, está "llena de justicia."

Agustín (354-430), obispo de Hipona, en el norte de Africa, es reconocido universalmente por haber sido el más influyente de todos los dirigentes de la antigua iglesia. Se convirtió a los treinta y dos años de edad, fue sacerdote el año 391 y obispo cuatro años más tarde. Durante los veinticinco años que siguieron fue la voz más poderosa de la cristiandad. Predicador, obispo, escritor, defensor de la fe y teólogo, ejerció enorme influencia en todas partes. Para su desconsuelo le tocó ver a Roma capturada y saqueada por los visigodos el año 410. Se conmovió profundamente porque aquel no fuese el colapso del mundo civilizado. (El Imperio Romano de Occidente cayó el año 476 pese a los esfuerzos por salvarlo.) Quizá esto contribuyó para que Agustín afirmara con gran vigor que los cristianos debían servir militarmente. El obispo Agustín fue quien propuso y desarrolló el concepto de que algunas guerras son "justas." Este concepto ha apaciguado las conciencias de los cristianos de ambos bandos en cada guerra ocurrida desde aquella época.

Cristo enseñó a sus discípulos que deberían estar listos para sufrir injurias y muerte en lugar de defenderse. Sin embargo, esta enseñanza que consta en el Nuevo Testamento, fue mayormente abandonada desde que Agustín llevó a la iglesia a creer que sus miembros podían participar en una "guerra justa." Por supuesto, se esperaba que las órdenes católicas de monjes siguiesen la enseñanza del Nuevo Testamento, pero el resto de la iglesia podía seguir la actitud inferior aceptada por los dirigentes. El Imperio Romano tuvo tanto emperadores del Oriente como del Occidente desde el año 364. En el año 380, mediante un edicto conjunto del emperador Teodosio del Oriente, y del emperador Graciano, del Occidente, hicieron del catolicismo romano la religión oficial del estado. En el año 416, exactamente seis años más tarde, Roma fue saqueada y el Imperio exigió que todos los soldados por lo menos fuesen cristianos nominalmente.

Como ya hemos visto, la no resistencia era la posición de todos los dirigentes y escritores de la antigua iglesia hasta la época de Constantino. Sin embargo, el más grande eclesiástico de principio del siglo quinto, el célebre Agustín, introdujo y enseñó la doctrina de la así llamada "guerra justa." Lamentablemente, ésta ha llegado a ser la posición de una gran parte de la iglesia.

Los Reformadores Redescubren el Camino de la Paz

Durante ocho siglos después de Constantino y Agustín, el testimonio de la iglesia fue bastante débil. A este período a veces se le llama "Edad Oscura."

Aproximadamente por el año 1200 algunas parpadeantes luces de renovación comenzaron a aparecer en Europa. Hablando en forma general nos referimos a esta época como la Reforma.

Valdo. Un reformador del sur de Francia, de nombre Valdo, vivió desde 1140 hasta 1217. Fue significativamente usado por Dios para restaurar el cristianismo del Nuevo Testamento en Europa. Quería que los cristianos siguieran fielmente las severas demandas de esa parte de la Biblia. Uno de los énfasis de Valdo era la no resistencia: rehusar a la violencia para vencer a los enemigos. Durante los siglos siguientes a la muerte de Valdo, la iglesia católica hizo toda clase de efuerzos para eliminar esta "herejía." Finalmente, los valdenses dejaron de practicar esta cristiana enseñanza.

Chelcicky. Asimismo durante el siglo decimoquinto, el reformador radical Pedro Chelcicky fue un firme sostenedor de la no resistencia neotestamentaria. Con el andar del tiempo, no obstante, la luz que trató de encender fue vacilando hasta que se apagó.

Lutero. En 1520, cuando Lutero estaba dirigiendo una poderosa campaña para renovar la Iglesia Católica Romana, no dudó en reprender al doctor Juan Eck:

> Usted dice que yo daría lugar a los belicosos y a los asesinos porque he enseñado que un cristiano debería abstenerse de la violencia y no debería pelear para recuperar sus pertenencias que le han sido robadas... ¿Por qué no reprende usted a Cristo que es quien ha enseñado esto?

Al final, sin embargo, Lutero se sintió atemorizado y dejó su creencia en la no resistencia. Entonces urgió a los príncipes alemanes a aplastar cruelmente la revuelta de los campesinos locales.

Zuinglio, el gran reformador suizo, odiaba la guerra con todo el corazón. Había acompañado a los mercenarios suizos en calidad de capellán y estaba harto de guerras. En los años posteriores a tal experiencia había expresado abiertamente sus ideas y se creía que era un no resistente. Por ejemplo, en 1522 manifestó:

> Considerado desde el punto de vista cristiano, en modo alguno no es correcto participar en guerras. Conforme a la enseñanza de Cristo, deberíamos orar en favor de quienes nos desprecian y persiguen, y si un agresor nos golpea en la mejilla derecha deberíamos ofrecerle la otra.

Aunque Zuinglio odiaba la guerra y aun hablaba a veces como un pacifista, al final se unió a las fuerzas militares de Zurich y cayó muerto en la batalla de Cappel, en 1531.
Calvino. Juan Calvino, el dirigente reformador de Ginebra, Suiza, dice respecto a la enseñanza de Cristo en Mateo 5:44.

> Cuando Dios afirma que nadie puede ser hijo suyo a menos que ame a quienes le odian, ¿quién se atrevería a decir que no estamos obligados a observar esta doctrina? Esa declaración equivale a esto: *"Cualquiera que desee ser contado como cristiano, que ame a sus enemigos."* Es verdaderamente horrible y monstruoso que el mundo haya estado cubierto por tan gruesa oscuridad durante tres o cuatro siglos como para no ver que este es un mandamiento expreso. Y todo el que lo desobedece es borrado del número de los hijos de Dios.

¡Bien por Calvino! ¿Quién lo podría decir mejor? Sin embargo, cuando llegó a ser una parte del gobierno religioso de Ginebra, Calvino decidió que era deber suyo exterminar a los herejes. Esto se aplicó a Serveto y muchos otros.
Zuinglio, Calvino y otros después de ellos,

siguieron un procedimiento "práctico" en sus actos cuando creyeron que su respectiva causa estaba en peligro. Decidieron acompañar a las tropas para defender al evangelio con la espada. Esta actitud amenaza hoy a la iglesia cristiana.

Los Anabaptistas

De la Reforma en Suiza surgió un grupo que llegó a ser conocido como *anabaptista* (rebautizadores) cuyos primeros dirigentes fueron Grebel, Mantz, Blaurock y otros. Todos estos abrazaron y promovieron la actitud de la no resistencia.

Conrad Grebel. En un tiempo discípulo de Zuinglio, Conrad Grebel se había convertido en un firme creyente en la doctrina del amor absoluto y la no resistencia. El 5 de setiembre de 1524 escribió una carta fijando sus ideas al respecto. En su bien meditada epístola al reformador alemán Muentzer, Grebel afirma que el evangelio y sus adherentes no han de ser protegidos por la espada, ni se han de defender. Las verdaderas y creyentes ovejas, dijeron Grebel y sus hermanos espirituales, son como "ovejas entre lobos, ovejas para el matadero." Los cristianos, aseguraba Grebel, "han de ser bautizados en ansiedad, aflicción, persecución, sufrimiento y muerte. Deben atravesar por una prueba de fuego y alcanzar la patria del descanso eterno, y esto no por matar a sus enemigos corporales sino a sus enemigos espirituales." Grebel dejó bien en claro que la ética cristiana no permitía a los creyentes ir a la guerra. "No usan la espada mundanal ni van a la guerra, pues han renunciado absolutamente a toda matanza."

Esta convicción era compartida por Felix Mantz, el que públicamente se oponía a la pena capital y fue condenado a morir ahogado a consecuencia de su fe en enero de 1527. El principal teólogo de los anabaptistas de Suiza y del sur de Alemania, de la variedad de Zurich, fue Michael Sattler. Este se había dedicado igualmente a la teología de la iglesia sufriente y a la ética de la no resistencia. Todos estos creyentes vieron la moral del cristiano establecida en la vida y en las enseñanzas del Príncipe de Paz, Jesucristo, nuestro Señor.

Obbe y Dirk. No todos los menonitas holandeses aceptaron la doctrina de la no resistencia. Un grupo de anabaptistas de los Países Bajos (en aquel entonces Holanda y Bélgica), sin embargo, fue dirigido por biblicistas como Obbe Philips y su hermano Dirk. Este grupo practicó vigorosamente la no resistencia desde un principio. Menno Simons, un talentoso sacerdote católico que se había unido con los "obenitas" en 1536, fue ordenado como anciano (obispo) por Obbe en 1537. Posteriormente Obbe se desalentó y abandonó el movimiento en 1540. Durante veinticinco años Menno y Dirk continuaron guiando a los anabaptistas pacíficos de los Países Bajos y del norte de Alemania al servirles con la Biblia y con sus propios escritos.

Simons. Menno Simons fue el más influyente anabaptista del siglo 16. Sus escritos, en particular su libro *Fundación*, proveyó una guía ética y doctrinal a los menonitas a través de los siglos. Menno se opuso tanto a la guerra como al exterminio de los criminales.

La más característica enseñanza de los anabaptistas era lo absoluto del amor. Esta doctrina llegó a ser llamada "no resistencia," o sea: no resistir a la fuerza. Los anabaptistas expresaron esta enseñanza con una palabra que significa "doctrina de estar desarmado," de no defenderse ante otros. Los cristianos que aceptan este camino de paz deben estar dispuestos a sufrir daño y a no infligirlo a otros; más bien morirán que matarán, aun en defensa propia. En otras palabras: Los cristianos que siguen el camino de la paz se colocan al cuidado de Dios. Están comprometidos a soportar todo lo que Dios pueda permitir que les suceda. Los menonitas (así llamados por ser seguidores de Menno Simons) aceptan la enseñanza anabaptista de la no resistencia.

La Iglesia de Hoy

Actualmente hay cristianos individuales en todas las denominaciones mayores que mantienen esta posición. Solamente tres pequeñas agrupaciones son consideradas como Iglesias Históricas de Paz: los menonitas, la Iglesia de los Hermanos (llamados Bautistas Alemanes con anterioridad a 1908) y la Sociedad de los Amigos (cuáqueros). Unas pocas agrupaciones se consideran iglesias de paz, pero muchos cristianos jamás han escuchado acerca de esta doctrina. Son numerosos los que se sorprenden al oír algo con referencia a este camino de paz. Les parece una doctrina increíble. Su primera reacción es que esta firme actitud es contraria a toda razón. "¿Qué haría usted si...?," preguntan. La mayoría de los cristianos no muestran interés en dar una seria consideración a la no resistencia absoluta. La gente rehusa observar seriamente la enseñanza del Nuevo Testamento sobre la "ley real" (Santiago 2:8) del amor porque es una posición costosa. "¿El Antiguo Testamento no permite la guerra?," preguntan.

3

EL PLAN DE DIOS EN EL ANTIGUO TESTAMENTO

Hemos examinado los evangelios en lo concerniente a las enseñanzas de Jesús y sus actitudes hacia sus enemigos. Hemos observado lo que enseñaron los apóstoles Pedro y Pablo. Hemos visto lo que escribieron los llamados padres de la iglesia así como también la iglesia de la Reforma.

Es tiempo de considerar esta pregunta: "¿Qué dice acerca de la guerra el Antiguo Testamento?" Este interrogante ha preocupado a muchos seguidores de Cristo.

Entre la primera y la segunda guerra mundiales concurrí, en los Estados Unidos, a una reunión conjunta de la Sociedad Teológica Evangélica y la Asociación Científica Americana. La primera está compuesta por eruditos cristianos que sostienen la total inspiración de la Biblia, y la segunda está integrada por devotos cristianos que trabajan en el campo científico. Fue un encuentro muy interesante. Durante uno de los debates fue mencionada la amenaza militar que representaba Rusia para los Estados Unidos. El rector de un seminario comentó que cuanto antes los Estados Unidos eliminasen totalmente a Rusia, mejor.

Al día siguiente el que presidía la asamblea leyó una pregunta que alguien le había entregado: "¿Cómo puede un cristiano proponer el exterminio total de un pueblo?"

Entonces se puso de pie el profesor que había hecho aquella propuesta de exterminio total. Al principio pareció un poco turbado o falto de preparación. Pero después dijo algo así: "Si uno estudia solamente el Nuevo Testamento recibe la impresión de que el cristiano debería ser únicamente un testigo dispuesto a sufrir." (¡Hermosa manera de comenzar! pensé). Y después agregó: "Sin embargo, si uno lee toda la Biblia, encontrará también ocasiones para la guerra."

Aquel profesor, desde luego, estaba apelando al Antiguo Testamento. Mucha gente hace hoy lo mismo para justificar la guerra.

Las Enseñanzas del Antiguo Testamento

Algunos estudiosos bíblicos no consideran al Nuevo Testamento como más compulsivo que el Antiguo para la iglesia. Sostienen un enfoque que podríamos llamar interpretación "plana" de la Biblia. Si uno considera que el Antiguo Testamento es igualmente para la iglesia, entonces la manera de pensar de aquel profesor sería válida. En otras palabras: podemos usar las declaraciones del Antiguo Testamento para "suavizar" las elevadas demandas éticas de Cristo y de sus apóstoles. Pero esto no es cierto. El Nuevo Testamento sostiene un mucho más elevado nivel moral para la conducta humana. Por ejemplo: el Antiguo Testamento permite la poligamia siempre que las dos esposas no sean hermanas (Levítico 18:18). Por lo tanto, ¿se casan los cristianos con dos esposas siempre que éstas no sean hermanas? Por cierto que no.

El Antiguo Testamento reconoce el oficio de *vengador de sangre*. Cuando el vengador de sangre descubra al asesino, le dará muerte (Números 35:19). ¿Está en vigencia todavía esa reglamentación?

Y la pena capital no estaba en el Antiguo Testamento limitada solamente a los asesinos. Todo el que golpeara a su padre o a su madre era sometido a la muerte (Exodo 21:15). El raptor era condenado a muerte (Exodo 21:16). Cualquiera que maldijera a su padre o a su madre era condenado a muerte (Exodo 21:17). La mujer culpable de brujería era sometida a la muerte (Exodo 22:18). Toda persona involucrada en bestialidad era condenada a muerte (Exodo 22:19). Un idólatra que sacrificara a otra deidad que no fuera el Señor tenía que ser completamente destruido (Exodo 22:20). Aun desobedecer al padre o a la madre era castigado por el apedreamiento a muerte, y a las personas a las cuales se trató de descarriar tenían que arrojar las primeras piedras (Deuteronomio 13:9, 10). Por consiguiente, ¿defienden los cristianos tales regulaciones hoy día?

El Antiguo Testamento tenía un sencillo sistema de divorcio. Cuando un hombre se casaba y encontraba que su mujer la desagradaba en algún sentido, podía liberarla por escrito de su casamiento. Ella quedaba entonces libre para hallar otro marido. La única restricción consistía en que si un hombre se divorciaba de su esposa, y ella se casaba con otro, el primero no podía volver a unirse en matrimonio con ella en caso de morir el segundo esposo o divorciarse éste (Deuteronomio 24:1-4). ¿Es esta una norma para los matrimonios cristianos? Por cierto que no.

Cristo Explica el Antiguo Testamento

Un día los fariseos llamaron la atención de Jesús en cuanto a qué base legal había para divorciarse de la esposa. Jesús les indicó el plan que Dios tenía originalmente para la raza humana: dejar a los padres y volverse una sola carne (unirse) con la esposa (Génesis 2:24). El divorcio no estaba en los propósitos divinos.

Los fariseos invocaron entonces el mandamiento mosaico de que el marido podía escribir un certificado y entregárselo a su esposa divorciándose de ella. En respuesta Jesús eligió un verbo diferente: Moisés no mandó divorciarse, lo permitió. Y lo permitió por la dureza de vuestros corazones... Y luego el Salvador prosiguió prohibiendo todo divorcio excepto cuando el matrimonio resulta quebrantado por falta de castidad moral o física (Mateo 19:3-12).

La relación de la iglesia con el Antiguo Testamento es un asunto sumamente complicado. Los teólogos con frecuencia dividen el Antiguo Testamento en tres partes: (1) ley ceremonial, (2) ley civil y (3) ley moral.

La cristiandad en conjunto está de acuerdo con que la ley ceremonial ha quedado abolida en Cristo. Esto se aplica a las purificaciones ceremoniales que siguen a su nacimiento, a la circuncisión y a la muerte de los miembros de la familia. Las leyes ceremoniales incluyen también las reglamentaciones sobre el vestir, alimentarse, trabajos agrícolas, sacrificio de animales y sacerdocio. Regulaban el calendario religioso de los judíos, incluso los festivales que se hacían anual y mensualmente, los sábados de cada semana y otros por el estilo. El Nuevo Testamento enseña claramente que el sacrificio de Cristo en la cruz del Calvario nos libera de todas estas ordenanzas (Gálatas, capítulos 3 al 5; Colosenses 2:8-23; Hebreos 8:6 al 10:22).

Aunque es cierto que el Nuevo Testamento nunca declara explícitamente a los cristianos como libres de ley civil del Antiguo Testamento, es evidente que esa ley civil fue dada al antiguo Israel *como nación*. Y resulta igualmente claro que la iglesia no es una nación, dado que sus miembros están dispersos por muchas naciones en las que están sujetos a las leyes de sus respectivas patrias. Los cristianos deben orar en favor de quienes los gobiernan, y buscarán vivir en paz, con toda honestidad y piedad (1 Timoteo 2:1, 2). No hay manera en que hoy podamos vivir bajo las leyes judías dadas a la nación judía de que se nos habla en el Antiguo Testamento.

La ley moral del Antiguo Testamento en relación a aquella enseñada tanto por Cristo como por el Nuevo Testamento, involucra tanto continuidad como expansión. Es como la relación de un brote a una flor. El brote se desarrolla en una flor y ésta muestra el propósito para el cual fue formado el brote.

Estos principios morales del Nuevo Testamento están todos establecidos en el Antiguo Testamento. Fue el propio Cristo el que fijó el modelo para la lectura de la ley de Dios, tanto del Antiguo como del Nuevo Testamento. No sólo matar está mal (AT) sino el odio sin barreras (Cristo: Mateo 5:21-24). No sólo el adulterio está mal (AT), sino que aun mirar lujuriosamente al sexo opuesto es pecado (Cristo: Mateo 5:27-30). No sólo quebrantar un juramento está mal (AT), sino que aun faltar a la propia palabra es pecado (Cristo: Mateo 5:33-37). No solamente la venganza personal está mal (AT), sino que no tiene que haber ni siquiera resistencia al que hace mal (Cristo: Mateo 5:38-42).

Jesús Cumple la Ley

Jesús no abrogó la ley divina del Antiguo Testamento. Por el contrario: la cumplió. Es decir: reconoció que esa ley tenía origen y autoridad divinos, y la hizo más exigente que bajo Moisés. Jesús mostró el verdadero propósito de la ley. Por lo tanto, el Nuevo Testamento define el auténtico significado de esa legislación. También descubrimos que cada escritor del Nuevo Testamento fundamenta su instrucción cristiana en el Antiguo (Romanos 3:2). Los autores del Nuevo Testamento citan o aluden más de 2,000 veces al Antiguo. Cada doctrina neotestamentaria está sacada de la revelación que Dios hace en las Santas Escrituras del Antiguo Testamento.

Los escritores del Nuevo Testamento, siguiendo la dirección de Cristo, edificaron su casa espiritual sobre la firme base del Antiguo Testamento. Pero algunas cosas que estaban permitidas en la era anterior a Cristo a causa de la falta de madurez espiritual del pueblo—su "dureza de corazón"—no son explícitamente rechazadas en el Nuevo Testamento. Son simplemente pasadas por alto.

Un ejemplo lo constituye la condición de la mujer. En el Antiguo Testamento las mujeres eran infinitamente menos responsables que los hombres. Cuando una mujer formulaba un voto, si no era casada, tal promesa tenía que ser confirmada por su padre; si era casada, su esposo tenía que confirmarla (Números 30). Solamente una viuda o una divorciada tenía el privilegio de actuar en forma independiente del hombre.

El lugar de la mujer era en Israel sumamente elevado con respecto a las naciones paganas vecinas. Pero fue Jesucristo el que trató a las mujeres como a auténticas personas. Tuvimos que aguardar hasta el Nuevo Testamento para encontrar a las mujeres reconocidas como "coherederas" de la gracia (1 Pedro 3:7). El elevado lugar alcanzado por la mujer en los evangelios y en las epístolas neotestamentarias representan un progreso inconmensurable sobre su condición en el Antiguo Testamento. Tenemos que enfrentar una verdad fundamental con respecto al Antiguo

Testamento: Dios entonces permitió ciertas clases de comportamiento que no permite en el Nuevo.

El Nuevo Testamento Complementa al Antiguo
La revelación de Dios en el Antiguo Testamento y de su voluntad, era preparatoria e incompleta, mientras que la revelación en Jesucristo es final y está claramente manifestada. Es aterradoramente erróneo poner a un lado la revelación plena dada por Cristo para así justificar un comportamiento semi-cristiano apelando a lo que Dios permitía en el antiguo Israel a consecuencia de la inmadurez espiritual de éste.

Permitir prestar juramento porque Dios lo permitía en el Antiguo Testamento es actuar como si Jesucristo nunca hubiera descendido del cielo para enseñarnos la voluntad de Dios en forma perfecta. Afirmar que un hombre tiene el derecho de divorciarse de su esposa porque Moisés lo permitió o ignorar la duradera relación matrimonial enseñada por Jesús, es una actitud sumamente equivocada. Decir que una mujer no puede formular un voto excepto cuando esté confirmado por un hombre (padre o esposo), es ignorar la forma en que Cristo elevó a la mujer para que fuera juntamente con el hombre "coheredera" de la vida eterna. Y tratar de justificar la guerra a causa de las numerosas contiendas armadas de Israel, rechazando así todo lo que Cristo y los apóstoles dijeron acerca de la no resistencia sufriente y el amor que perdona, es también una enseñanza falsa. El matrimonio de Abraham con varias esposas no convierte ahora en correcto a la poligamia, así como tampoco las guerras emprendidas por David justifican ahora al cristiano para que mate sirviendo en las fuerzas armadas. *Nuestra brújula definitiva, tanto en teología como en ética, tiene que ser Cristo y sus apóstoles llenos del Espíritu,* y lo que ellos dejaron escrito lo hallamos en *los libros del Nuevo Testamento*.

A veces se pregunta hasta dónde se puede seguir las instrucciones de Jesús acerca de ser bondadoso, perdonador y no vengativo. Pero esta pregunta no está en manera alguna bien formulada. El verdadero interrogante es este: Si tomamos seriamente las enseñanzas de Jesús, ¿podemos en forma alguna participar en la guerra? ¿Puede haber un más completo rechazo de las palabras de nuestro Señor que intervenir en una moderna contienda?

4

EL INDIVIDUO Y LA PAZ

EL camino de la paz convoca a un discipulado pleno. Un cristiano no puede tener metas mundanales en la vida, ni seguir métodos mundanos para obtener esas metas. Así, cuando venga la guerra recordará que él no pertenece a este mundo. Seguir la paz significa que el creyente es un cristiano del Nuevo Testamento por conversión, por consagración, por completa dedicación a la causa del reino. Cristo quiere nuestro ser total. Desea poseer toda nuestra persona. Seguir a Cristo significa que uno ya no vive para acumular riquezas, para buscar honores y fama, para disfrutar de prestigios carnales. El cristiano puede ingresar en todo trabajo honorable (agricultura, comercio, enseñanza, medicina, asistencia social, industria, leyes—las posibilidades son infinitas— pero no empleará todo su tiempo y su energía en ese trabajo. El camino de paz que Cristo nos enseñó afecta a todos los aspectos de nuestra vida: nuestra vida personal, nuestra vida familiar y social, nuestra labor y la sociedad en general.

Gente de Paz

William Carey (1761-1834), iniciador de las misiones protestantes, trabajó parte de su vida en una plantación de índigo en la India. Posteriormente llegó a ser profesor de idiomas orientales en un colegio universitario de ese país. El mayor propósito de su vida, sin embargo, era difundir el evangelio.

George Washington Carver (1864-1943), hijo de esclavos, llegó a ser un destacado científico y artista. Especialmente trabajó en el maní y las batatas (papas dulces) investigando qué podía hacerse con las limitadas cosechas de los agricultores pobres del sur de los Estados Unidos. Adjudicó la gloria a Dios por el increíble éxito que tuvo. Sintió que sus descubrimientos, en realidad, eran obra de Dios. No patentó sus procedimientos sino que los compartió para que todos pudieran beneficiarse con ellos. Aunque su obra no fue básicamente religiosa en el sentido estrecho, Carver era un verdadero siervo del Señor. No era un portador de amargura. El amor de Cristo lo impulsaba. Gratuitamente recibió; gratuitamente dio. En 1935 fue investigador en la División de Plantaciones Industriales del Ministerio de Agricultura de los Estados Unidos. Pintaba como entretenimiento, y ya en 1916 fue distinguido al elegírsele como *Fellow* de la *Royal Society of Arts*, de Londres. Fue un cristiano que trató de elevar el nivel de los pobres de la tierra. Ciertamente hizo más por su raza que lo que puede decirse en pocas palabras.

Harold S. Bender (1897-1962), fue hijo del que durante largo tiempo se desempeñó como tesorero de la Misión Menonita y otros organismos anteriores, pese a lo cual éste se ganaba el sustento trabajando en una oficina de correos. Su hijo, Harold, fue un brillantísimo joven que hubiera obtenido gran éxito de haber actuado en asuntos mundanos. Pero pensó que, habiendo nacido en la iglesia menonita, Dios tenía un propósito para él. Dedicó sus grandes capacidades a enseñar en un colegio universitario menonita (Goshen), a servir en el comité ejecutivo del MCC (organización mundial de socorro) en donde a veces cumplió servicios personalmente. Fue presidente de la Sección de Paz, presidente del Congreso Mundial Menonita y editor en jefe de la *Enciclopedia Menonita*, obra en cuatro tomos. Pastor y maestro, fue el principal fundador del Seminario Bíblico de Goshen y de la Escuela Secundaria de Bethany. Nunca conocí a un hombre tan desinteresado en obtener dinero para sí y tan emprendedor para recaudar fondos para la obra de Cristo. Su contribución a la causa de la paz fue muy positiva.

En el Hogar
El hogar es un campo de experimentación para

el camino de la paz en nuestra vida cotidiana. Para practicar ese camino los maridos y las esposas deben estar abiertos el uno al otro. Constantemente deben expresar su amor recíproco, atreviéndose a considerar sus diferencias y tratando de aunar criterios. Deben dedicar su hogar a Cristo y a la iglesia y trabajar juntos para criar sus hijos en el camino de la paz. No recurren al abogado ni a la separación cuando enfrentan un aparentemente insoluble problema. Oran juntos, dejan el problema en manos del Señor y esperan su solución, al mismo tiempo que se fortalecen recíprocamente en la fe. Cuando cometen errores, se perdonan generosamente. Esto enaltece su amor. Cuando sus hijos necesitan ser disciplinados, los padres están unidos, y cualquier castigo que los hijos necesiten es dado rápidamente y con espíritu de amor. El delito es olvidado con prontitud. Los padres cristianos obedecen a aquellos que los presiden y gobiernan tanto en la iglesia como en el estado, mientras las reglas de estos dirigentes no contradigan la Palabra de Dios.

En tales hogares, los niños están intensamente conscientes de los valores por los cuales sus padres viven, y tienden a adoptar los mismos valores cuando formen sus propios hogares. Tal familia puede vivir en una aldea de Indonesia, en las llanuras del Paraguay, en una pequeña granja de Suiza o en una enorme ciudad como Buenos Aires, New York o México. Su camino de paz contribuye al programa de Cristo en todo el mundo.

En la Propia Comunidad
Los que siguen el camino de la paz tratan me-

diante mucha oración y renovada entrega a Cristo de vivir en armonía y buena voluntad con sus vecinos. Cuando ellos se expresan con actitudes hostiles, tratamos de esforzarnos mostrando amor y perdón, esperando que también ellos lleguen a comprender el significado del amor cristiano. Escucharemos insultos y demandas irrazonables, pero lo haremos con una paciencia que de nuestra parte requerirá un elevado espíritu de sacrificio.

Uno de mis amigos se trasladó a vivir en una pequeña población junto a alguien que resultó ser no cristiano. Apenas había llegado cuando el vecino fue a verlo y le dijo:

—¿No sabe usted que el cerco que separa ambas casas está 30 centímetros dentro de mi propiedad?

—No, señor... En verdad no lo sabía... Vayamos ahora mismo y cambiemos el cerco divisorio a la verdadera línea...

El no cristiano no esperaba semejante respuesta. No estaba preparado en absoluto para una reacción así. Por eso que respondió:

—¡Será mejor que dejemos el cerco donde está...!

Pero supongamos que hubieran modificado la línea divisoria. ¿Qué es más importante: 30 centímetros más a lo largo de todo el terreno o la posibilidad de ganar a una persona—quizá a toda una familia—para Cristo?

En la Norteamérica colonial, un hombre de Dios, llamado Peter Miller (1709-1796) vivía en Ephrata, Pennsylvania. Era miembro de una iglesia evangélica de paz. Miller era un erudito que dominaba varios idiomas y, a la vez, un humilde discípulo de Cristo. Uno de sus vecinos estaba en el ejército norteamericano de la independencia cuyo comandante en jefe era George Washington, más tarde presidente de los Estados Unidos. Este vecino de Miller era culpable de algún grave delito cometido como militar. Ya había sido notificado para comparecer ante una corte marcial que sería presidida, probablemente, por el propio general Washington. La condena podía ser extremadamente severa.

Cuando Miller supo esto, anduvo casi cien kilómetros por la nieve para tratar de tener una entrevista con Washington. Le rogó y explicó con tanta elocuencia y convicción que el general se conmovió ante aquellas palabras. Finalmente, Washington le dijo: "Bien, veré qué puedo hacer en favor de su amigo." Pero más se conmovió cuando Peter Miller simplemente aclaró: "No es mi amigo, es mi mayor enemigo..."

Este es el camino de la paz.

Se Requiere una Completa Entrega

Pareciera que si hemos de adoptar una posición de no resistencia, en favor del camino de la paz, solamente hay una manera de hacerlo. Es más que odiar a la guerra. Es más que reconocer que la gente debería parecerse a Cristo. Es más que sentir repugnancia por derramar sangre. Tenemos que hacer la firme decisión de que bajo ninguna circunstancia, y por ninguna causa, adoptaremos otra posición que la de un sufriente testigo de Cristo, plenamente resueltos a aceptar todo aquello que Dios permita que venga sobre nosotros. Esta era la decisión de Jesús, fue lo que él enseñó; fue la posición de los apóstoles y es la postura ética de todo el Nuevo Testamento.

Una Guerra Costosa

El camino de la paz significa que puede ser que debamos "sufrir la injuria" (1 Corintios 6:7). Puede involucrar el martirio, como ha sucedido con frecuencia. Por ejemplo, a principios de 1954 estaba intensificándose el terrorismo de los Mau-Mau en Kenya. Tres dirigentes de la iglesia se reunían cada mañana para orar y para compartir opiniones acerca de lo que deberían hacer ante esa situación ellos y sus hermanos. Una gran parte de los miembros de la iglesia se había unido a los Mau-Mau, habiendo hecho su juramento de seguir esa causa. Para muchos parecía haber solamente dos caminos: o unirse con los Mau-Mau o ser traidor uniéndose con un gobierno extranjero. Pero aquellos que amaban a Jesús se negaban a hacer el juramento Mau-Mau, a llevar lanzas y a matar. No podían integrar su resistencia.

El segundo camino significaba ponerse junto al gobierno. Pero como ello significaba aplastar la resistencia de los Mau-Mau con fusiles y cazarlos en la selva, los hermanos dijeron: "Eso no lo podemos hacer. El único camino por el cual podemos ir a los Mau-Mau es mediante la Biblia y con amor. Amamos tanto a los terroristas como a los blancos. No amamos el *pecado* de los terroristas ni el *pecado* de los blancos. Oramos, sí, por todos ellos. Queremos testificar a ambos."

A los tres dirigentes que estaban orando les parecía que existía un tercer camino. Decidieron hacer del puesto de Weithaga un campamento cristiano para los creyentes de alrededor. Muchos de estos se sentían muy solitarios y eran demasiado vulnerables ante los Mau-Mau que iban matándolos uno tras otro. La escuela estaba de vacaciones en esa época, de modo que sus edificios fueron convertidos en dormitorios. El 16 de febrero de 1954, 400 hombres y mujeres, hermanos y hermanas, llegaron hasta Weithaga como testimonio de que elegían ese tercer camino: ni a favor de los Mau-Mau ni a favor del gobierno, *a favor de Cristo*. El Señor les mostró simplemente que no era cosa para ellos el combatir.

Dijeron: "No queremos pelear contra los Mau-Mau. Nuestro deber es orar en favor de ellos. Si los encontramos podemos ayudarlos al darles la Palabra de Dios. Si en respuesta nos odían, no los odiaremos devolviendo así mal por mal. Son hermanos nuestros y los amamos. En cuanto a los blancos que están matando a nuestra gente, también los amamos, y es nuestro deber advertirles y darles la Palabra de Dios. Amamos a nuestros hermanos blancos porque ellos también son hijos de Dios.

"¿Qué necesita un pecador? Necesita amor. Por lo tanto, el amor es nuestra arma." Algunos leyeron este versículo: "No con ejército, ni con fuerza, sino con mi espíritu, ha dicho Jehová de los ejércitos." Uno tras otro estos no resistentes fueron muertos. Cuando uno de ellos era asesinado, todos se reunían como si se tratara de un día de fiesta y sepultaban al mártir alabando a Jesús. Seguían adorando a su Maestro y el pueblo era salvo.

Algunos de los que se refugiaron en el campamento cristiano fueron asesinados. Otros fueron azotados y tuvieron que sufrir innumerables vejámenes. Pero pocos años más tarde hubo gran regocijo. Varios de los que habían peleado, matando y azotando cristianos, se habían convertido y eran salvos. Veinte años después muchos son discípulos de Cristo. Algunos hombres que lucharon en las selvas, ahora son evangelistas, pastores y diáconos. "Pero si hubiéramos tenido odio—afirman los cristianos que pasaron por la dura prueba—y nos hubiéramos unido a aquellos que luchaban y mataban, también hubiera existido una gran separación, careciéndose de una puerta abierta para que acudieran, arrepentidos, a Jesús."°

Sostener la posición del amor que sufre y de la no resistencia no es ser prudente ni hacer lo que ya hemos calculado como lo mejor. Más bien adoptamos tal posición porque la entendemos como la voluntad de Dios. La vemos practicada y enseñada por el propio Señor Jesucristo. Entendemos que el Nuevo Testamento la exige. También sabemos que esta doctrina de amor fue interpretada como tal por los llamados padres de la iglesia que vivieron en los primeros siglos del cristianismo. Es un camino costoso pero ya probado.

Objeciones

Tan pronto como un cristiano no resistente ex-

° De la colección *Foundation Series*. Usado con permiso.

presa su opinión contraria a la guerra y a la violencia, se despierta una molesta duda en algunos oponentes. "¿Usted apoya el principio básico del Nuevo Testamento en cuanto a la salvación por gracia mediante la fe?," preguntan. Por supuesto que la respuesta es un rotundo "¡Sí!" Los menonitas se adhieren firmemente a este gran principio reformista de la justificación mediante la fe.

Otras personas se sienten aún más incómodas porque han tenido al hijo o al padre o algún pariente que murió como soldado en determinada guerra. Pueden preguntar: "¿Usted quiere decir que ellos fueron al infierno?" La respuesta es la siguiente: "¡En manera alguna somos jueces!." Dios es el juez, y es misericordioso y compasivo. No nos corresponde tratar de desempeñar lo que solamente es función divina. Todos nosotros somos salvos únicamente por la gracia de Dios.

Una tercera objeción surge en el aspecto de las relaciones internacionales. "¿Qué debería hacer la nación A si la nación B comete este o aquel acto de guerra?" El no resistente con humildad puede replicar que no hay respuestas simples para los problemas complejos que enfrentan los gobiernos de este mundo. El no resistente *está más preocupado por seguir los principios de paz de su Señor, Jesucristo, tal como aparecen en el Nuevo Testamento.*

Conceptos Básicos de la Resistencia
Aquí están, resumidos, los conceptos fundamentales de la no resistencia:
1. Esta posición no resistente da por sentada la

separación entre la iglesia y el estado. Los cristianos no resistentes reconocen que es función del estado mantener mediante la amenaza de fuerza la ley y el orden en la sociedad. El no resistente cree que, por el contrario la función de la iglesia consiste en enseñar la Palabra de Dios, tratando de ganar para Cristo a los incrédulos y en robustecer en Cristo a los que ya creen en él.

2. Los miembros de la iglesia son regenerados hijos de Dios, participantes de la naturaleza divina que tratan de ser fieles discípulos de Cristo. Por eso están dispuestos para aceptar con humildad y amor perdonador el sufrimiento injusto.

3. Las enseñanzas de Cristo no son ideales imposibles, sino auténticas directivas dadas a los que andan en el Espíritu.

4. Además de ser el Divino Salvador, Jesucristo es el Maestro Perfecto. Los cristianos tratan de seguir su estilo de vida con el poder del Espíritu Santo.

5. El Espíritu de Dios ha inspirado a aquellos que escribieron los libros y las cartas del Nuevo Testamento, a muchos de los cuales Cristo ha enseñado personalmente mientras estuvo en este mundo. En esta forma, dejaron fidedignas directivas doctrinales y éticas para su iglesia.

6. La revelación plena ha llegado para todos en Cristo. Por lo tanto, ya no oponemos la revelación divina preparatoria y no definitiva del Antiguo Testamento contra las enseñanzas del Nuevo Testamento.

7. El camino de paz es válido si honestamente refleja tanto la letra como el espíritu de los escritos del Nuevo Testamento.

5

LA SOCIEDAD Y EL CAMINO DE LA PAZ

VIVIMOS en un mundo donde hay muchas injusticias y graves problemas. Los indios norteamericanos han sido en muchos casos expulsados de su propias tierras por medios que son verdaderamente vergonzosos. Aun hoy sufren en diversas maneras como minoría. Esta parece ser la dolorosa condición de los grupos nacionales minoritarios. Es muy probable que toda nación tenga un problema racial en uno o en otro sentido.

La esclavitud humana ha sido abolida en la mayor parte del mundo civilizado. Sin embargo, el racismo y el resentimiento causado por las injusticias del sistema de esclavitud todavía permanece. El tratamiento en general dado en las prisiones a hombres y mujeres pide una urgente reforma.

La prostitución y el uso de drogas que forma hábitos y alternan la mente son males sociales muy divulgados y con frecuencia promovidos por el crimen organizado.

Los altos funcionarios de ciertas compañías y sus empleados reiteradamente mostraron actitudes crueles y egoístas al buscar para ellos las mayores ganancias posibles.

Mientras tanto, el número de crímenes va en aumento: robos, incendios, violaciones, asesinatos, atentados... Es evidente que la Biblia conoce que necesitamos nacer de nuevo o ser regenerados por el Espíritu de Dios. Nuestra sociedad, cualquiera sea el país en que hayamos nacido o en que estamos viviendo, está sujeta al juicio de Dios.

La Buena Noticia del Evangelio
No podemos llevar a las masas hacia la regeneración y liberación divinas remendando las estructuras de la sociedad. Podremos verlas liberadas como individuos cuando compartamos con ellos el evangelio, y cuando ellas, mediante un poderoso acto de Dios, lleguen a ser nuevas personas en Cristo.

Esta buena noticia consiste en que hay perdón en Cristo, Un renacer por el Espíritu, una unión de fe con Cristo que capacita a la persona para andar en santidad y victoria.

Un buen ejemplo de cómo la conversión de una persona cambia en relación con la sociedad en que vive, es la de Cipriano, el dirigente eclesiástico del Africa. Como hijo que era de un alto funcionario de Roma, Cipriano tenía casi todo lo que puede dar este mundo. Como hombre ya maduro, quizá de cuarenta años, leyó los escritos de Tertuliano y llegó a admirar sobremanera a este hombre de Dios. Un creyente de nombre Cecilio, vivía en la casa de Cipriano y lo impresionó profundamente por su honorable vida cristiana. Finalmente Cipriano empezó a estudiar las Escrituras. Como resultado de ello, se convirtió el año 246, cuando ya estaría llegando a los cincuenta años de edad. Abandonó el mundo y vendió sus propriedades, recibiendo instrucción para ser bautizado. Al año siguiente fue designado como sobreveedor y, en el año 247, fue consagrado como obispo, en cuyo cargo sirvió como director del clero del norte de Africa.

La Violencia en un Mundo Malo

En una carta a Donato, Cipriano lamenta el mal terrible del pecado del mundo. Sugiere que el propio Donato se traslade a lo alto de una elevada montaña y que observe desde allí compasivamente el mal del mundo: "Considera los caminos bloqueados por ladrones; los mares infestados por piratas y las guerras que se libran en toda la tierra. El mundo entero está humedecido por la sangre mútua; si el dar muerte, lo cual es un crimen, es cosa hecha por una persona, es llamado virtud cuando se lo comete en guerra. Se pretende que las malvadas obras de la guerra queden libres de castigo, y esto no porque sean inocentes, sino porque estas crueldades son cumplidas en gran escala."

Cipriano pasa a lamentar los terribles juegos del circo, donde los hombres luchan y mueren para gratificar los ojos de las masas. "Se entrenan para adquirir poder para matar, y el asesinato es una gloria." También se duele de la contaminadora influencia de los espectáculos teatrales que alimentan la mente popular con la lujuria y con toda clase de pecados.

Admite que cuando todavía estaba en las tinieblas, no podía captar lo que había oído llamar como "misericordia divina." No entendía que una persona podía nacer de nuevo. Cipriano estaba del todo consciente de que el pecado corrompía la naturaleza humana, de que encadenaba a quienes lo practicaban largamente. No creía en posibilidad de volverse una nueva persona. Pero experimentó eso mismo cuando acudió a Cristo, fue bautizado y "animado por el Espíritu de santidad."

Cipriano ejerció gran influencia en la iglesia del norte de Africa. Desgraciadamente atribuyó poder casi mágico al agua del bautismo y exaltó la función de obispo casi al punto de convertirlo en el centro de la iglesia. Pero también fue un devoto servidor de Dios, de bellísimo carácter y un verdadero héroe en la aterradora persecución que cubrió todo el Imperio que estaba bajo Valerio. Cipriano murió como auténtico mártir de Cristo el año 258.

Los males de la sociedad son hoy tan serios como en días de Cipriano. La guerra se ha vuelto infinitamente más aterradora. En muchas partes del mundo tenemos TV y películas que son portadoras de toda clase de actos violentos. Y también hoy, individualmente ejercemos nuestra poderosa influencia sobre la sociedad de la que formamos parte.

Victoria Sobre la Violencia

Las victorias obtenidas sobre los males sociales frecuentemente siguen este proceso: Primero: cada uno, más o menos considera el problema como una parte del orden social. Segundo: Dios levanta un "profeta" que hace consciente de ese mal al pueblo de Dios y, tarde o temprano, tales personas llegan a ver el daño. Tercero, la convicción de que se trata de una injusticia se extiende luego a la sociedad en general y, entonces, ese mal es eliminado mediante una ley.

La esclavitud es una injusticia que viene al caso. La primera protesta conocida contra la esclavitud en la Norteamérica colonial fue escrita en Germantown, Pennsylvania (actualmente parte de Filadelfia) en 1688. La convicción fundamental parece haber venido de un trasfondo menonita, porque éstos siempre se opusieron a la esclavitud. Sin embargo, los cuatro firmantes de esta protesta de 1688 eran cuáqueros. (Uno había sido menonita y, posteriormente, regresó a esa iglesia; otro había sido pietista luterano). Los cuáqueros de la reunión mensual que recibieron esta petición, la pasaron a la reunión trimestral. La reunión trimestral la pasó a la reunión anual, pero ninguno de estos organismos adoptó una concreta posición en contra de la esclavitud.

El segundo testimonio en contra de la esclavitud—el "profeta"—fue un piadoso y sensible hombre de Dios, el cuáquero John Woolman

(1720-1772), de Nueva Jersey. Empezó a predicar cuando sólo tenía 21 años. También predicó a los indios. En su famoso *Journal*, descubre toda su intimidad espiritual y dice cómo lo guió Dios. Afirma que Dios lo guió para hacer un viaje a cierta parte y para testificar ante la hermandad contra los males de la esclavitud. Le pedía consejo a su congregación cuáquera. Ellos, entonces, sometían a prueba su sentido del llamado de Dios y, una vez aprobado, lo enviaban. En su manera característicamente humilde compartía sus profundas convicciones acerca de que era pecado mantener a una persona en la esclavitud. A veces en su *Journal* reconoce haber dicho demasiado. Otras veces cree haber sido un fiel portavoz de su Dios, y su corazón se sentía en paz. En 1772 hizo un viaje a Inglaterra para dar allí su testimonio cristiano contra la esclavitud.

El sorprendente éxito de este humilde testigo de Cristo, consiste en que por el tiempo de su muerte ya no había casi poseedores de esclavos entre los cuáqueros norteamericanos...

Varias generaciones después el presidente Abraham Lincoln publicaba un famoso documento llamado Proclamación de la Emancipación. Este documento entró en vigencia desde el 1 de enero de 1863 y dejaba en libertad a todos los esclavos de los Estados Unidos. El ejemplo y la influencia de los menonitas había conducido a la protesta de 1688 y a la muy eficaz convicción del siervo de Dios John Woolman. Estos habían sido los comienzos de una drástica transformación social en los Estados Unidos. La sociedad había cambiado siguiendo la dirección de Dios.

La guerra sigue siendo el mayor de los males que afligen a la sociedad mundial. Las convicciones contrarias a la guerra enfrentan una más tenaz oposición que las que vencieron a la esclavitud. Sin embargo, tenemos en este siglo tan imponente conjunto de eruditos y prestigiosos testigos de todas las iglesias (algunos menonitas) que todavía nos preguntamos cuál será el resultado final. Ninguna de las mayores agrupaciones cristianas han repudiado todavía toda participación en guerras. Solamente las pequeñas denominaciones (como las iglesias menonitas, de los hermanos y de los cuáqueros) siguen apegadas a la no resistencia bíblica, y tampoco todos sus miembros están convencidos en forma total. Por lo menos la urgencia y las presiones propias de tiempos de guerra han inducido a algunos adherentes de las iglesias de paz a ingresar in las fuerzas armadas. Pero el testimonio en favor del pacifismo cristiano debe proseguir. En diversos lugares del mundo los gobiernos escuchan los razonamientos de los no resistentes y conocen mejor ya sus convicciones.

Ojalá surjan unos pocos empleadores que muestren el camino para evitar la continua lucha de poderes entre las grandes compañías y los poderosos sindicatos obreros, cada uno buscando mayores sumas de dinero. Los patrones cristianos podrían adoptar un enfoque completamente distinto. Podrían empezar por ser sinceros con sus empleados. Podrían compartir plenamente con ellos sus esperanzas, sueños, fracasos y éxitos, a la vez que estimularlos para que les den el consejo y la ayuda que necesitan. En época de poca actividad, todos los empleados podrían ser invitados a recibir menores sueldos, antes que dejar cesantes a los obreros más recientes. Compartir las ganancias debería ser algo normal. Podría haber mejoras sustanciales según la economía de los países. Si los obreros estuvieran plenamente informados, no hay duda que se sentirían contentos al ver que su empresa invierte sumas considerables en reemplazar la maquinaria antigua y en hacer las mejoras y las ampliaciones necesarias. Las actitudes claves son aquí confianza mútua, apertura y colaboración. Probablemente sólo una agrupación cristiana podría tener éxito en esta clase de proyectos.

La Paz Frecuentemente Significa Sufrir

A veces el único medio para vencer a la violencia es a través del sufrimiento y de la muerte. En una aldea de Uganda vivía un jefe que no aceptaba las cosas de Dios. Un grupo de muchachos le cantaba todos los días, entre los cuales estaba su propio hijo, poco a poco llegó a quererlos muchísimo. Después de cierto tiempo también llegó a su país la fe cristiana. Pero aquel jefe indígena estaba en su contra en forma terminante. Hizo todo lo que pudo para contrarrestarla y prohibió al pueblo que adorase a Jesucristo.

Entre aquellos muchachos cantores estaba uno llamado Lwango. Oró a Jesús y sus amigos fueron al culto con él. Pronto todos se convirtieron al cristianismo, entre ellos el hijo del jefe. Alguien le informó que su propio hijo, al cual amaba muchísimo, se había convertido. El cacique advirtió a aquellos jóvenes acerca de la ley que establecía que todo el que fuera sorprendido adorando a Cristo sería condenado a morir por fuego. El jefe le advirtió personalmente a Lwango que eligiera: abandonar la fe en Jesús o morir quemado. Lwango y los demás contestaron resueltamente: "Preferimos morir: somos seguidores de Jesús."

El cacique escondió en su casa a su hijo, y comenzó a hacer quemar a los cantores uno tras otro. Lwango llegó ante su padre y le anunció en forma dramática: "Si los matas, tienes que matarme a mí también. Yo también soy cristiano." No había escapatoria; el mandatario ordenó quemar también a su propio hijo. Todos ellos murieron por ser fieles a la fe en Jesús. Sabían que aun pereciendo tendrían vida eterna.

Los *huteritas*, que durante siglos han vivido en paz y armonía, no debiendo nada a nadie, son un estimulante ejemplo de cómo el sufrimiento puede vencer a la violencia. La Sociedad de los Hermanos, fundada en Alemania en 1920 por Eberhard Arnold, se unificó con los *huteritas* y ahora practican la "vida en comunidad." Sus miembros no tienen propiedades particulares.

El peor enfrentamiento sufrido por los *huteritas* en la América del Norte en los últimos cien años sucedió en 1918. Algunos "patriotas" norteamericanos estaban resueltos a hacer que estos connacionales de habla alemana apoyasen la guerra mundial de entonces—"para asegurar la democracia en todo el mundo"—Debido a eso ciertos "hermanos" fueron severamente maltratados por ser objetantes por conciencia contra la guerra. Este inhumano tratamiento era contrario a la política oficial y debería considerarse como uno de los excesos de una nación en plena guerra.

David Hofer, Joseph Hofer, Michael Hofer y Jacob Wipf, cuatro jóvenes *huteritas* del Ronckport Bruderhof, en Dakota del Sur, fueron reclutados en la primavera de 1918. El 25 de mayo fueron puestos junto con muchos otros hombres, en un tren que se dirigía a Lewis. Por supuesto, los demás reclutas se sorprendieron y comenzaron a divertirse a costa de aquellos cuatro barbudos y extrañamente vestidos "alemanes." En forma brusca los obligaron a cortarse el cabello a la manera "norteamericana" y les afeitaron las barbas. Los jóvenes sintieron que eso era sólo el anticipo de lo que iba a venir. Debido a objeciones de conciencia se negaron a firmar una promesa de obedecer toda orden militar. Se negaron a marchar militarmente. Se negaron a vestir el uniforme. Después de dos meses de prisión en el campamento, fueron sometidos a una corte marcial que los sentenció a 37 años de cárcel. A pesar de ello, el comandante general redujo esa sentencia a 20 años. Entonces fueron trasladados bajo custodia a la prisión de Alcatraz, situada en un islote de la bahía de San Francisco. Los cuatro jóvenes fueron encadenados de a dos, durante el día con esposas metálicas y durante la noche con los pies sujetos por hierros.

En Alcatraz fueron desvestidos de sus ropas y se le ofrecieron uniformes. Rehusaron ponérselos. Entonces fueron llevados a los subsuelos de la prisión, bajo el nivel del mar, donde las celdas eran muy húmedas, y sometidos a reclusión solitaria. Las celdas estaban bastante sucias y el olor era muy repugnante. Los primeros cuatro días no recibieron alimento, solamente les dieron medio vaso de agua en 24 horas. Tuvieron que dormir en la humedad sobre un piso de cemento, sin mantas. Durante un día y medio fueron encadenados a barras de hierro que estaban sobre sus cabezas, de manera que tuvieron que permanecer de pie en esta incómoda posición. Además fueron azotados. Los cuatro estaban demasiado aparte uno de otro, aunque una vez David Hofer oyó a Jacob Wipf exclamar en alemán: "¡Oh, Dios todo poderoso!."

Después de seis días de estos abusos, los cuatro huteritas fueron llevados a la presencia de otros presos. Uno de éstos, al ver las condiciones en que estaban—marcados cruelmente por los insectos—exclamó: "¡Es una vergüenza tratar a la gente en esta forma!" Ese día feriado no recibieron alimento alguno hasta la noche. Luego, una vez más, fueron llevados a las celdas húmedas. Allí pasaron cuatro interminables meses, siendo sacados al patio sólo una hora por domingo.

A fines de noviembre de 1918, bajo la vigilancia de seis custodios armados, fueron llevados a la prisión federal de Kansas City. Nuevamente fueron encadenados de dos en dos durante un viaje de cuatro días y cinco noches. Fueron después empujados a punta de bayoneta por las calles de la ciudad y urgidos para que a toda marcha se dirigieran a la prisión que está situada en la cumbre de una colina. Por fin llegaron muertos de cansancio y cubiertos de sudor. Se les ordenó sacarse la ropa para que se pusieran el uniforme. Allí permanecieron, en medio de intenso frío, esperando los uniformes de la prisión hasta que estuvieron casi congelados. Joseph y Michael tuvieron que ser llevados al hospital.

Jacob y David fueron una vez más sometidos a confinamiento solitario, siendo encadenados nueve horas por día y alimentados con pan y agua. Después de catorce días se les dio comida normal por dos semanas, pero sólo para volver al régimen de pan y agua cada 15 días.

Mientras tanto Joseph y Michael llegaron a estar sumamente graves a consecuencia de su enfermedad. Jacob Wipf pudo enviar un telegrama a sus respectivas esposas. Un empleado ferroviario que odiaba a estos "alemanes," mintió a las mujeres de donde los esposos estaban y las envió a otra parte.

Cuando las mujeres consiguieron la verdadera dirección y llegaron, ya los dos jóvenes nombrados estaban muriendo y apenas podían hablar. Al día siguiente murió Joseph Hofer (29 de noviembre de 1918). Su esposa, suplicó que se le concediera ver su cadáver cosa que, al principio, le fue negada. Apeló resueltamente ante el comandante y este alto oficial, por fin, accedió. Al llegar junto al ataúd vio que el cuerpo de su esposo había sido vestido con el uniforme militar. Mientras vivió se había negado a llevarlo, pero después de muerto los "poderes de este mundo" habían logrado la "victoria."

El 2 de diciembre murió Michael, hermano del anterior. Cuando dejó de existir, estaban presentes la esposa, su padre y su hermano David. Poco antes de exhalar su último suspiro, elevó al cielo sus débiles manos y suavemente oró en alemán: "Ven, Señor Jesús. En tus manos encomiendo mi espíritu." El padre rogó encarecidamente que no le pusieran el uniforme al cadáver, de modo que los "poderes" accedieron a esta súplica.

Después que los parientes se retiraron llevando el cadáver de Michael, David fue puesto nuevamente en cadenas, no pudiendo secar las lágrimas porque sus manos estaban sujetas.

Al día siguiente David le pidió a un guardián que le hiciera el favor de llevar un mensaje al comandante. En su nota le rogaba ser puesto cerca de su amigo Jacob Wipf, de modo que pudieran verse aunque no pudieran conversar.

David se quedó muy asombrado cuando una hora más tarde regresó el guardián para informarle que quedaba en libertad. Esto era más que lo que podía captar en aquel momento. De manera que el guardián lo llevó a presencia del comandante. Este le aseguró que estaba en libertad y le entregó los documentos correspondientes. David salió de la penintenciaría a la calle, pero allí se quedó porque estaba confuso. Le paralizaba el temor a que hubiera habido alguna confusión. Después de varios minutos apareció un guardián que le preguntó qué estaba haciendo allí. David respondió: "No estoy seguro si he sido puesto en libertad o no." El guardián le respondió: "Has sido puesto en libertad... ¡nadie sale de aquí a menos que haya sido libertado!"

El 6 de diciembre de 1918, el Secretario de Guerra hizo publicar un decreto prohibiendo encadenar a los presos. Unos cinco días después, sin embargo, cuando algunos *huteritas* visitaron a Wipf, todavía estaba en reclusión solitaria y con las manos encadenadas durante nueve horas por día. Aun le daban sólo pan y agua. Unicamente le dejaban libres las manos durante 30 minutos al mediodía para que comiera.

Aquellos visitantes llevaron este mensaje de Wipf a la hermandad: "A veces envidio a los tres que ya han sido librados de sus dolores. A veces pienso: '¿Dónde está la poderosa mano del Señor? ¿Por qué tendré que seguir sufriendo solamente yo?' Pero también hay gozo, porque a veces lloro de alegría al saber que el Señor me considera digno de sufrir un poco por su causa. Reconozco que, en comparación con nuestras experiencias anteriores, aquí se vive como en un palacio." Todavía estaba durmiendo sobre el piso de cemento, pero ahora le daban cuatro mantas. Después del 12 de diciembre no le encadenaron más y pusieron sobre el piso algunos tablones para que pudiera dormir mejor. Se recibieron tantas cartas en favor de los presos, que antes de la Navidad el trato mejoró aún más.

El 27 de enero de 1919, el Secretario de Guerra ordenó la libertad de 113 objetantes por conciencia que estaban en la prisión de Fort Leavenworth. El 13 de abril de 1919 se le permitió a Jacob Wipf regresar a su congregación huterita y a sus seres queridos. El y sus hermanos, habían vencido a la violencia con su sufrimiento.

Distintas Creencias

Muchos de los que aprueban la participación en campañas militares, estarían de acuerdo en admitir que la guerra es un hecho desagradable. Sin embargo, parece que dan por sentado que debemos luchar cuando la seguridad nacional está en peligro. En la vida privada, por supuesto, debemos ser bondadosos y perdonadores, dicen, pero en tiempo de guerra debemos asumir nuestro deber de ciudadanos.

El no resistente tiene dificultades para enfrentar esta forma de pensar. Observa el asunto desde una perspectiva distinta. Se pregunta honestamente qué clase de persona debería ser un cristiano, y recién entonces trata de encarar el problema, pero como cristiano.

Un relato que nos viene de la Edad Media quizá ayude para ilustrar la posición del no resistente. Un campesino estaba caminando un día domingo por las tierras que él mismo había cultivado. De pronto, asombrado, descubrió que su obispo, que era un hombre de gran reputación, estaba cazando conejos. El campesino se atrevió a señalar: "Estoy asombrado que su excelencia esté cazando en día domingo."

—No estoy cazando en calidad de obispo, sino en calidad de príncipe.

Después de rascarse pensativo la cabeza, el campesino preguntó:

—Y si el diablo se apodera del príncipe, ¿qué le sucederá al obispo?

El no resistente simplemente cree que no puede hacer como ciudadano aquello que tampoco puede hacer como seguidor de Cristo.

Durante la Segunda Guerra Mundial, la Gran Bretaña estuvo acorralada y luchando literalmente por sobrevivir como nación. No obstante, mostró la generosidad de conceder una exención total a quienes por razones de conciencia no creían poder quitar la vida humana, aun en una guerra defensiva. En los Estados Unidos los representantes de las tres mayores iglesias de paz y otros cristianos, sostuvieron varias reuniones con el presidente de la nación. Quizá la más importante fue la llevada a cabo el 10 de enero de 1940. Fueron hechas las siguientes peticiones al presidente Roosevelt:

1. Le rogamos que no haga seguir a la nación el camino de la guerra que ha arruinado tantas naciones europeas.
2. Esperamos que juzgue inconveniente adoptar el entrenamiento militar obligatorio.
3. Si, no obstante, usted establece el servicio militar obligatorio, por favor otorgue también un servicio de paz equivalente para aquellos que por sus convicciones religiosas están en contra de la guerra y por tal motivo no pueden servir en las fuerzas armadas.
4. Por favor, ordene que las declaraciones oficiales de las iglesias de paz en materia de la participación en guerras sean colocadas en los archivos del gobierno.

El presidente dijo que sí a la última petición, y prometió hacer todo lo que fuere posible en favor de la tercera. Gentilmente preguntó cómo les iba a los menonitas en el Paraguay. Se le respondió que iban muy bien y que no tenían ni cárceles ni ejército. El presidente sonrió y dijo que si los Estados Unidos pudiera hacer lo mismo estarían en condiciones de equilibrar su presupuesto. El presidente también pareció quedar bien impresionado por el programa trazado por los no resistentes. Dijo: "Esto es llegar a fundamentos prácticos. Nos muestra lo que los objetantes por conciencia pueden hacer sin llegar a combatir. ¡Excelente, excelente!" El primer mandatario también sugirió que el grupo dejara su plan al ministerio de justicia de la nación.

El resultado de estos contactos y de muchas otras formas de testimonio, fue que la ley Burke-Wadsworth, de 1940, concedió a los objetantes por conciencia de los Estados Unidos el derecho de hacer trabajos de importancia nacional bajo dirección civil.

En 1947, el pastor P. J. Malagar, de la Iglesia Menonita de la India y J. N. Kaufman, un misionero que sirvió en ese país, fueron elegidos para presentar las inquietudes de los menonitas ante la comisión cuatripartita que estaba preparando una constitución para la nueva república. Tres de los cuatro respondieron. Uno simplemente, acusó recibo de la declaración. Un segundo agregó: "No creo que en una India independiente los objetantes por conciencia sean obligados a cumplir con el servicio militar." El mismo famoso Mohandas K. Gandhi se opuso a la guerra y a la violencia: Esto fue lo que contestó:

Nueva Delhi, 30-6-47

Estimado amigo:
He recibido su carta. No se preocupe. Soy de la misma opinión.

Sinceramente suyo,
M. K. Gandhi

Uno tras otro los gobiernos de este mundo están adoptando una actitud comprensiva hacia los ciudadanos respetuosos de la ley pero que, sin embargo, por razones de conciencia tienen serias objeciones contra la guerra. La Gran Bretaña fue el país que comenzó esta senda; le siguieron Canadá, México, Alemania Occidental, Francia, Holanda, Italia y otros. Quiera Dios apresurar el día del cual cantaron los antiguos profetas:

"Y juzgará entre las naciones, y reprenderá a muchos pueblos; y volverán sus espadas en rejas de arado, y sus lanzas en hoces; no alzará espada nación contra nación, ni se adiestrarán más para la guerra" (Isaías 2:4).

6

FUNDAMENTOS DE LA PAZ: RESUMEN

Hemos examinado lo que tienen que decir acerca de la paz tanto el Antiguo como el Nuevo Testamento. Hemos considerado lo que Cristo enseñó, su ejemplo supremo y sus enseñanzas y lo que hicieron sus primeros seguidores. Hemos señalado el declinamiento posterior del pacifismo cristiano y su estado presente en la iglesia en general.

De particular interés resulta la historia de los escritores anabaptistas y el rol del cristiano no resistente en la sociedad actual. Resumiremos en ocho puntos concisos el camino de la paz.

Actitudes que Conducen a la Paz

1. Los cristianos que aceptan la no resistencia bíblica dan por sentado que un Dios soberano controla los destinos de hombres y naciones. Dado que Dios conoce todo, él sabe quién puede glorificarlo mejor y promover su causa mediante la muerte, y quién mediante la vida.

Aproximadamente el año 200, el venerable Tertuliano subrayó que la sangre de los mártires es la simiente de la iglesia. El reformador suizo, Zuinglio, declaró: "Nacida en sangre, la iglesia no puede ser restaurada sino con sangre." En otras palabras: la manera cristiana de promover la causa de Cristo es estar dispuestos al sufrimiento e incluso a la muerte. El mundo obtiene sus victorias matando, Cristo y su pueblo parece que obtienen la victoria muriendo. Jesús nos envió como a corderos en medio de lobos (Lucas 10:3).

Los cristianos, por supuesto, no pretenden conocer la providencia de Dios. Eso es algo que está mucho más allá de nuestra comprensión humana, tanto que ni siquiera tenemos un atisbo de la misma. ¿Por qué permitió el Señor que Jacobo fuese ejecutado con la espada y en cambio salvó a Pedro? (Los Hechos 12). ¿Por qué permitió Dios que los indios aucas, del Ecuador, mataran a esos cinco misioneros hace algunos años? ¿Por qué otros misioneros en circunstancias iguales no sufrieron daño?

Debemos dejar los asuntos de este carácter a nuestro generoso y omnisciente Dios. Podemos estar seguros de que él sabe lo que está haciendo. Dios controla, y lo que permite que suceda trataremos de aceptarlo con voluntad sumisa.

2. Los cristianos que creen en la no resistencia bíblica sostienen que cada individuo, una vez convertido, está divinamente llamado a "tomar su cruz y seguir a Cristo." En este caso es para él un símbolo de que así como Cristo eligió la cruz en su sufrimiento y muerte, así también seguirá a Cristo, hasta la muerte si es necesario.

El apóstol Pedro advirtió a sus lectores que no se sorprendieran por las crueles pruebas a que estaban siendo sometidos. Más bien, dijo, regocíjense de que son participantes de los sufrimientos de Cristo. Y si son reprochados por causa del nombre de Cristo, son bienaventurados porque el Espíritu de gloria descansa en ustedes . . . Si sufren como cristianos, no se avergüencen, sino alaben a Dios porque llevan ese nombre (1 Pedro 4:12-16).

3. Los cristianos que practican la no resistencia bíblica creen que dado que Dios les ordenó *amar* a los hermanos, *les resulta imposible matar cristianos tanto en tiempo de paz como en tiempo de guerra*. George Bernard Shaw, el famoso dramaturgo, describe vívidamente una lucha mortal cuerpo a cuerpo entre dos combatientes. Uno era de bastante más edad que el otro. El mayor, como experimentado combatiente, se desempeñaba bien. Pero el más joven, algo más fuerte, lo hacía mejor. De vez en cuando, mientras luchaban, el más joven alcanzaba a echar una rápida mirada al enemigo, parecía tener cara conocida, aunque no podía en esos angustiosos momentos saber quién era. Finalmente, el más joven pudo asestar un golpe mortal y su enemigo cayó sin vida. Entonces, por primera vez, el joven pudo ver bien a

quién había matado. ¡Era su propio padre! Es lo que pasa cuando un cristiano lucha contra otro cristiano.

Como ya hemos visto en 1 Juan, el vivir según el amor es prueba de ser hijo de Dios. El pueblo de Dios está esparcido por las diferentes naciones del planeta. ¿Podemos, entonces, poner la lealtad a la patria por encima de nuestra lealtad al pueblo de Dios? ¿Puedo como ciudadano de Austria o del Zaire, poner mi fidelidad a mi nación por encima de mi lealtad a Cristo y a su iglesia?

4. Los cristianos no resistentes creen que Cristo Jesús definió la relación de los cristianos con los no cristianos cuando comisionó a sus discípulos. Jesús les ordenó ir a todo el mundo y hacer discípulos en todas las naciones, bautizándolos y enseñándoles. Por lo tanto, se hacen esta pregunta: ¿Podemos, como embajadores de Cristo, poner a un lado la orden de evangelizar para aceptar la orden de un gobierno de este mundo que nos manda matar a los soldados de una nación hostil? Esto significa dar muerte a civiles, hombres, mujeres, ancianos, niños. Antes del emperador Constantino, en el siglo cuarto, los cristianos afirmaban que no podían hacer tal cosa. No podían hacer el mal. No podían matar porque eran cristianos.

5. Los no resistentes bíblicos creen que el cristiano está llamado para estar dispuesto a someterse a la propia muerte y permitir la muerte de los propios seres amados —*si Dios así lo permite*— antes que destruir a los malhechores. Según el criterio carnal tal posición no es nada fácil, hasta parece imposible. Pero esta es la conclusión a que

han llegado luego de estudiar los divinamente inspirados evangelios y las epístolas del Nuevo Testamento. Por supuesto, los no resistentes tomarán toda clase de medidas, menos matar al criminal, para evitar los daños o la muerte de sus seres queridos.

6. Los no resistentes bíblicos aceptan la clara enseñanza neotestamentaria de que el gobierno ha sido divinamente instituido. Por lo tanto el cristiano le debe sumisión, honor, impuestos y oraciones intercesorias (Mateo 22:15-22; Marcos 12:13-17; Lucas 20:20-26; 1 Timoteo 2:1; Romanos 13:1-7). Los cristianos no son anarquistas. No adoptan actitudes arrogantes contrarias a las autoridades.

También esta pregunta puede ser muy legítima: ¿En qué sentido el gobierno ha sido ordenado por Dios? La siguiente puede ser una de las respuestas: El gobierno ha sido ordenado divinamente en el mismo sentido que el matrimonio. Dios no aprueba todos los matrimonios que se celebran, tampoco recomienda el comportamiento de todas las parejas. Así sucede con los gobiernos. Dios no aprueba que un hombre mate a sus enemigos para apoderarse del gobierno. Y necesariamente todo lo que un gobernante hace no tiene la aprobación de Dios.

Aun el propio rey no puede quebrantar la santa ley divina sin recibir castigo. El rey David es considerado como un buen monarca que estableció el reino de Israel. Pero él, a lo sumo, era un hombre "conforme al corazón de Dios" (1 Samuel 13:14; Los Hechos 13:22). Pero cuando David cayó en adulterio y arregló la muerte de Urías, leemos en la Biblia que el rey había "desagrado al Señor" (2 Samuel 11:27). También, aunque le costó la vida, Juan el Bautista, como verdadero profeta de Dios, se dirigió al rey Agripa. Así fue cómo lo reprendió por su pecado, pues vivía con Herodías, esposa de su medio hermano Felipe (Marcos 6:18).

La institución del gobierno, como la institución del matrimonio, ha sido ordenada por Dios. Aparte del carácter del gobernante, los cristianos tienen que obedecerle. Cuando Pablo escribió Romanos 13 y recomendó obedecer a las autoridades, el emperador era Nerón. Y aunque éste todavía no había empezado a perseguir a los cristianos, era un gobernante muy cruel. Apocalipsis 13 describe a los santos de Dios sufriendo atroz persecución, pero no sugiere que éstos han de organizar un ejército que trate de derrocar a las autoridades existentes. Más bien son alentados a perseverar en la fe soportando la severa prueba (Apocalipsis 13:10).

7. Los no resistentes bíblicos creen que aunque la iglesia tiene que testificar a todos, de elevada y de humilde condición, su ministerio profético *no incluye dar instrucciones al gobierno acerca de cómo cumplir sus funciones políticas y administrativas*. La iglesia, por ejemplo, no aconseja en cuanto a las fuerzas policiales o al trato de los piratas o delincuentes menores. La iglesia y el estado son dos instituciones separadas y, necesariamente, utilizan distintos métodos para cumplir sus funciones exclusivas.

Los no resistentes no tiene fáciles y netas soluciones para los complejos problemas de las tensiones internas o internacionales. Pueden protestar en contra de castigos crueles o inhumanos, tal como el que a veces se da a los presos políticos. Pueden protestar si las autoridades niegan la tolerancia religiosa y favorecen una fe a expensas de otra. Tienen que protestar y desobedecer cualquier orden gubernativa que vaya contra la adoración y el servicio de Dios y del Señor Jesucristo.

8. Por último, los no resistentes bíblicos tienen una enorme deuda de gratitud respecto a muchos gobiernos que han reconcido la soberanía de la conciencia humana ante Dios. Tales gobiernos permiten que los cristianos cumplan tareas civiles para su país en lugar de obligarlos al servicio militar. Martín Lutero, en su defensa ante la Dieta de Worms, nos da un ejemplo insistiendo en la soberanía de la conciencia: "Mi conciencia está cautiva en la Palabra de Dios: no puedo anular nada. Que Dios me ayude. Amén."

PARA UN ESTUDIO MÁS PROFUNDO

Bunyan, Juan. *El Peregrino*. La Aurora, Buenos Aires, Argentina, 1673, 1973.
Driver, Juan. *Comunidad y Compromiso*. Ediciones Certeza, Buenos Aires, 1974.
_____ *El Espíritu Santo en la Vida de la Iglesia*. Mennonite Publishing House, Scottdale, Pennsylvania, 1978.
_____ *El Pacifismo Cristiano*. Methopress, Buenos Aires, Argentina, 1970.
_____ *Militantes Para un Mundo Nuevo*. Ediciones Evangélicas Europeas, Barcelona, España.
Erb, Paul. *El Alfa y la Omega*. La Aurora, Buenos Aires, Argentina, 1968.
_____ *La Interpretación Bíblica en la Vida de la Iglesia*. Mennonite Publishing House, Scottdale, Pennsylvania, 1978.

Lind, Millard. *Repuesta a la Guerra*. Herald Press, Scottdale, Pennsylvania y La Aurora, Buenos Aires, Argentina, 1952, 1962.

―――― *Menno Simons su Vida y Escritos*. Herald Press, Scottdale, Pennsylvania, 1979.

Schipani, Daniel S. *La Angustia y la Dimensión Trascendente*.

Wenger, J. C. *Compendio de Historia y Doctrina Menonitas*. Herald Press, Scottdale, Pennsylvania y La Aurora, Buenos Aires, Argentina, 1940, 1960.

Yoder, John Howard. *Textos Escogidos de la Reforma Radical*. La Aurora, Buenos Aires, Argentina.

―――――――――

Distribuidos por Herald Press, Box 1245, Elkhart, Indiana 46515 USA

J. C. Wenger es profesor de teología histórica en el Seminario Bíblico Goshen, escuela del Seminario Bíblico Asociado de Elkhart, Indiana. Durante su vida ha hecho un estudio del anabautismo y publicado varios libros y folletos sobre el tema.

Se educó en Eastern Mennonite College, Goshen College, en los seminarios teológicos de Westminster y Princeton, y en las universidades de Basel, Chicago, Michigan, y Zurich.

Ha enseñado en los seminarios de Eastern Mennonite y Union Biblical (India), además sirvió en la comisión de traducción de la Biblia, quien preparó la New International Bible (N.I.B.) (Nueva Biblia Internacional).

Es miembro de Evangelical Theological Society (Sociedad teológica evangélica). Ha servido en juntas editoriales de los siguientes ejemplares publicados: *Mennonite Quarterly Review, Studies in Anabaptism and Mennonite History (Estudios en Anabautismo e Historia Menonita),* y *The Mennonite Encyclopedia,* además del Executive Council of the Institute of Mennonite Studies (Concilio ejecutivo del instituto de estudios Menonitas).

Ha servido a los Menonitas como: diácono, pastor y obispo. Ha sido miembro del Historical Committee (Comité histórico), Publication Board (Junta publicadora), Board of Education (Junta de educación), District and General Conference Executive Committees (Comité ejecutivo de districto y conferencia general), y Presidium of the Mennonite World Conference (Presidium del congreso mundial Menonita).

Casado en 1937 a Ruth D. Detweiler, son ahora padres de dos hijas y dos hijos. Su residencia es en Goshen, Indiana, Estados Unidos de Norte América.

SERIE LA FE MENONITA

Traducido al español por *Ernesto S. Vilela*
Edición y coordinación por *Arnoldo J. Casas*

Esta serie de libros expresa en forma breve y simple alguno de los énfasis más destacados en el Nuevo Testamento, basados en el contexto de la tradición anabautista-Menonita —fe que representa uno de los contrastes en énfasis con los grupos más importantes del cristianismo del siglo XVI: Católicos Romanos, Ortodoxos, Anglicanos, Luteranos, y Reformados.

Las oficinas de Misiones de Ultramar, de la iglesia Menonita, Elkhart, Indiana comisionó la producción de la serie *Fe Menonita*. Estos libros se espera sean el puente entre los escritos académicos de la iglesia Menonita y escritos de otras denominaciones que enfatizan salvación pero no el discipulado.

J. C. Wenger, teólogo e historiador Menonita, preparó los primeros cinco libros de la serie, títulos:

1. Como Surgieron los Menonitas.
2. Que Creen los Menonitas
3. El Camino de una Nueva Vida
4. El Camino de la Paz
5. Los Discípulos de Jesús

Los libros de esta serie se pueden adquirir en los Estados Unidos de Norte América de:

HERALD PRESS
616 Walnut Ave.
Scottdale, Pa. 15683